Au moment de l'**heure des histoires**, tandis que l'un regarde
les images et l'autre lit le texte, une relation s'enrichit,
une personnalité se construit, naturellement, durablement.

Pourquoi ? Parce que la lecture partagée est une expérience
irremplaçable, un vrai point de rencontre. Parce qu'elle développe
chez nos enfants la capacité à être attentif, à écouter, à regarder,
à s'exprimer. Elle élargit leur horizon et accroît leur chance
de devenir de bons lecteurs.

Quand ? Tous les jours, le soir, avant de s'endormir, mais aussi
à l'heure de la sieste, pendant les voyages, trajets, attentes...
La lecture partagée permet de retrouver calme et bonne humeur.

Où ? Là où l'on se sent bien, confortablement installé, écrans
éteints... Dans un espace affectif de confiance et en s'assurant,
bien sûr, que l'enfant voit parfaitement les illustrations.

Comment ? Avec enthousiasme, sans réticence à lire
« encore une fois » un livre favori, en suscitant l'attention
de l'enfant par le respect du rythme, des temps forts,
de l'intonation.

ISBN : 978-2-07-063341-8
Titre original : *Peter und der Wolf*
© Annette Betz Verlag, 1979, Wien-München
© Éditions Duculot, Paris-Gembloux, pour la traduction française
© Gallimard Jeunesse, 2010, pour la présente édition
Numéro d'édition : 175012
Loi n° 49-956 du 16 juillet 1949
sur les publications destinées à la jeunesse
Dépôt légal : mai 2010
Imprimé en France par I.M.E.
Maquette : Barbara Kekus

Serge Prokofiev - Erna Voigt

Pierre et le loup

GALLIMARD JEUNESSE

Pierre et le loup *n'est pas seulement
une histoire à lire et à regarder.
Le compositeur Serge Prokofiev a écrit
sur ce conte une musique merveilleuse.
De très nombreux enregistrements sur disques
ont été réalisés ; ils ont rendu ce conte musical
pour enfants célèbre dans le monde entier.
Un récitant raconte l'histoire et chaque
personnage est représenté dans l'orchestre
par un instrument différent :*

Violon

Pierre, par les violons,
l'oiseau, par la flûte,
le canard, par le hautbois,
le chat, par la clarinette,
le grand-père, par le basson,
le loup, par trois cors,
et les coups de fusil des chasseurs,
par les timbales et la grosse caisse.

Découvrons maintenant l'histoire :
elle commence de façon paisible,
mais cela ne va pas durer longtemps...

Un beau matin, le petit Pierre
ouvrit la grille du jardin...

et s'en alla dans les grands prés verts.
Sur la plus haute branche d'un grand arbre,
était perché un petit oiseau, ami de Pierre.

– Tout est calme, ici, gazouillait-il gaiement.

Flûte

Un canard arriva bientôt en se dandinant,
tout heureux que Pierre n'ait pas fermé
la grille du jardin. Il en profita pour aller
faire un plongeon dans la mare, au milieu
du pré. Apercevant le canard, le petit oiseau
vint se poser sur l'herbe, tout près de lui.
– Quel genre d'oiseau es-tu donc, si tu ne
peux voler ? dit-il en haussant les épaules.

À quoi le canard répondit :
– Quel genre d'oiseau es-tu, si tu ne peux
nager ? Et il plongea dans la mare.
Ils continuèrent à se disputer, le canard
nageant dans la mare, le petit oiseau
voltigeant le long de la berge.

Hautbois

Soudain, quelque chose dans l'herbe attira
l'attention de Pierre.
C'était le chat, qui approchait en rampant.
Le chat se disait : « L'oiseau est occupé
à discuter ; je vais en faire mon déjeuner ! »,
et, comme un voleur, il avançait sur ses
pattes de velours.

– Attention ! cria Pierre, et aussitôt,
l'oiseau s'envola sur l'arbre, tandis
qu'au milieu de la mare, le canard
cancanait furieusement contre le chat.
Le chat, lui, rôdait autour de l'arbre
en se disant : « Cela vaut-il la peine
de grimper si haut ? Quand j'y arriverai,
l'oiseau se sera envolé ! »

Clarinette

À ce moment, le grand-père apparut.
Il était mécontent de voir que Pierre
était allé dans le pré.
– C'est un endroit dangereux !
Si le loup surgissait de la forêt,
que ferais-tu ?
Pierre ne fit aucun cas des paroles
de son grand-père.

Des garçons tels que lui n'ont pas
peur des loups. Mais le grand-père
prit Pierre par la main, l'emmena
à la maison et ferma à clé la grille
du jardin.

Basson

Il était temps ! À peine était-il rentré
qu'un grand loup gris sortit de la forêt.

En un éclair, le chat grimpa dans l'arbre.

Cor

Le canard se précipita hors de la mare
en cancanant.

Mais il avait beau courir, le loup
s'approchait de plus en plus vite,
de plus en plus près, plus près encore...
Il attrapa le canard et n'en fit qu'une
bouchée.

Hautbois

Et maintenant, voici où en étaient les
choses : le chat était assis sur une branche…
l'oiseau posé sur une autre, à bonne
distance du chat, bien sûr… tandis que
le loup tournait autour de l'arbre en les
fixant tous deux de ses yeux gourmands.
Pendant ce temps, derrière la grille
du jardin, Pierre observait la scène,
sans la moindre frayeur.

Il courut à la maison, prit une grosse corde
et grimpa sur le mur de pierre.
Une des branches de l'arbre
autour duquel tournait le loup
passait par-dessus le mur.
Pierre saisit cette branche
et monta dans l'arbre.

Violon

Pierre dit alors à l'oiseau :
– Vole très bas et tourne autour de la tête
du loup, mais prends garde qu'il
ne t'attrape.
De ses ailes, l'oiseau touchait presque
la gueule du loup qui faisait des bons
furieux pour essayer de le happer.

Oh ! que l'oiseau agaçait le loup !
Que le loup avait envie de l'attraper !
Mais l'oiseau était bien trop adroit
et le loup s'énerva en vain.

Flûte

Pendant ce temps, Pierre avait fabriqué
un lasso. En le laissant descendre tout
doucement, il parvint à attraper le loup
par la queue. Il tira de toutes ses forces.
Se sentant pris, le loup se mit à faire
des bons sauvages pour tenter de se libérer.

Mais Pierre attacha l'autre extrémité
de la corde à l'arbre. Plus le loup
bondissait, plus la corde se resserrait autour
de sa queue.

Violon

C'est alors que les chasseurs sortirent
de la forêt.

Ils suivaient les traces du loup et tirèrent
des coups de fusil.

Timbale

Du haut de l'arbre, Pierre leur cria :
– Ne tirez pas, le petit oiseau et moi nous
avons déjà attrapé le loup !

Aidez-nous à l'amener au jardin zoologique !

Timbale

Et maintenant, imaginez la marche
triomphale… Pierre en tête, derrière lui,
les chasseurs traînant le loup, et, fermant
la marche, le grand-père et le chat.
Le grand-père, mécontent, hochait la tête :
– Ouais… et si Pierre n'avait pas attrapé
le loup, que serait-il arrivé ? disait-il.
Au-dessus d'eux, le petit oiseau
gazouillait gaiement :
– Comme nous sommes braves,
Pierre et moi ! Regardez ce que
nous avons attrapé !

Et, si vous écoutez très attentivement,
vous entendrez le canard crier dans
le ventre du loup, car, dans sa hâte,
le loup l'avait avalé vivant.

Hautbois

L'œuvre et son compositeur

Serge Prokofiev, célèbre compositeur et pianiste russe, est né en Ukraine en 1891 et mort le 5 mars 1953 (le même jour que Staline). Œuvres pour piano, ballets, musique de chambre et musiques de films lui ont apporté une renommée internationale. En 1936, le Commissariat à l'éducation de la jeunesse de l'Union soviétique, la Russie d'aujourd'hui, lui commande une œuvre pour initier les enfants de façon simple aux principaux instruments de l'orchestre. Prokofiev écrit le texte et compose la musique du désormais légendaire... *Pierre et le loup*. Pour rendre vivante son histoire, il a inventé sept personnages et imaginé en même temps l'instrument qui représente chacun d'eux :

- La flûte traversière pour l'oiseau, agile et rapide.
- Le hautbois pour le canard, lourdaud et pataud.
- La clarinette pour le chat, léger et rusé.
- Le son profond du basson pour le grand-père, bougon et ronchon.
- Le cor pour le loup, lugubre et effrayant.
- Les timbales et la grosse caisse pour les coups de feu des chasseurs.
- Et les cordes pour le petit Pierre, si gentil et si gai !

Ainsi toutes les familles de l'orchestre sont présentes que ce soit les cordes, les bois ou les cuivres, et les percussions.